NOTICE HISTORIQUE

SUR

LA BIBLIOTHÈQUE PUBLIQUE DE TOURNAY.

IMPRIMERIE DE WEISSENBRUCH,
IMPRIMEUR DU ROI.

NOTICE
HISTORIQUE
SUR
LA BIBLIOTHÈQUE PUBLIQUE
DE TOURNAY,

Suivie d'un aperçu des Bibliothèques les plus célèbres de l'antiquité.

PAR VICTOR DEFLINNE,

BIBLIOTHÉCAIRE DE LA VILLE DE TOURNAY.

Bruxelles,

H. TARLIER, LIBRAIRE-ÉDITEUR.

1828.

NOTICE HISTORIQUE

SUR LA BIBLIOTHÈQUE PUBLIQUE DE LA VILLE DE TOURNAY,

SUIVIE

D'UN APERÇU DES BIBLIOTHÈQUES LES PLUS CÉLÈBRES DE L'ANTIQUITÉ.

Que les sciences et les lettres contribuent à rendre l'homme meilleur, c'est une vérité si bien reconnue aujourd'hui, qu'il serait superflu d'entreprendre de lui imprimer encore une force nouvelle. Partant de ce principe, l'on doit mettre au rang des établissemens d'utilité publique, les plus essentiels, les bibliothèques, ces dépôts des fruits du développement progressif de l'esprit humain. Sans doute, les monumens des erreurs de l'imagination des hommes s'y trouvent confondus avec leurs plus beaux titres de gloire à l'immortalité : mais, quoique la misantropie ait pu dire, celle-là est une vérité consolante, qui prouve aujourd'hui que le bien l'emporte sur le mal dans le sein des sociétés modernes. Si nous voulions nous étendre sur ce point, nous n'aurions nulle peine à démontrer que pour un crime, une foule d'actes de bonté, de bienfaisance ou d'héroïsme se présentent à notre imagination satisfaite : nous dirions qu'ils viennent mettre le sceau à notre conviction, que la religion et la science se prêtant un mutuel appui, font naître des vertus, qui, grandies par leur noble origine, se plaisent à faire rejaillir sur elle toute la gloire dont les couvre l'admiration publique.

Tournay, l'une des villes les plus anciennes du royaume des Pays-

Bas, cette ville dont les Romains redoutèrent la puissance naissante, qui, par sa position avantageuse a attiré si souvent les regards cupides des peuplades et des nations voisines, Tournay renferme de nos jours nombre d'établissemens publics, qui pourraient servir de modèles. Depuis longtemps son Administration a tout fait pour les élever à cet état prospère; et aujourd'hui un gouvernement aussi grand que bienfaisant, protégeant efficacement les nobles intentions de nos magistrats, s'applique sans relâche à leur imprimer ce cachet de perfectibilité, qui assure à nos descendans la jouissance inaltérable des bienfaits que déjà ils répandent sur nos concitoyens. Au nombre de ces établissemens remarquables, se trouve la Bibliothèque publique.

Tout le monde la connaît, telle qu'elle est aujourd'hui, mais peu de personnes connaissent son origine, les progrès de son amélioration, l'histoire de ses désastres, et sa restauration. Nous avons donc tenté d'esquisser ces diverses époques de son existence, afin de faire bénir, d'une part, les noms de ceux qui l'ont fondée, de faire apprécier, de l'autre, les avantages dont elle a été de tout temps pour la ville, et de pénétrer en outre nos concitoyens d'une juste reconnaissance pour la sollicitude que nos magistrats n'ont cessé, à aucune époque, de porter à ce bel établissement.

La bibliothèque publique de la ville de Tournay est un vaisseau neuf et fort beau; il a 39 aunes, 30 pouces de longueur, et 9 aunes, 65 pouces de largeur. Il est précédé d'une antichambre de 8 aunes, 20 pouces, sur 9 aunes, 5 pouces. Une galerie fort élégante règne aux deux tiers à peu près de la hauteur du salon, le long des trois côtés non percés de croisées. On y arrive par deux escaliers fort bien faits, nichés dans les angles. Cette galerie fait le plus bel effet, et est d'une grande utilité pour l'emplacement des petits volumes. Le bâtiment remarquable, au premier étage duquel la bibliothèque publique se trouve placée, a été commencé en 1755, sur l'emplacement de la grange du Chapitre, d'après le plan de l'architecte PLAYÉ [1], et exécuté sous la direction de l'architecte VAN DAELE. La bibliothèque a vue sur la Place de l'Évêché en face du palais épiscopal. Le rez-de-chaussée est l'hospice des anciens

[1] Ou *Blayez*, selon d'autres.

prêtres ; c'est le Chapitre de la cathédrale de Tournay qui a ordonné l'érection de ce bel édifice, pour cette double destination.

Cette bibliothèque était, avant la révolution, la propriété du Chapitre, qui en laissait jouir le public. La majeure partie des ouvrages qui la composaient, avaient été donnée par un évêque et par plusieurs chanoines : car elle doit son origine à la générosité de JÉROME VAN WINGHE, plus connu sous le nom de DE WINGHE, chanoine de Tournay, qui par son testament du 24 janvier 1637, et spécialement par son dernier codicile du 15 novembre suivant, a institué héritier de tous ses biens meubles et immeubles, l'office du *Cellier* de la cathédrale de Tournay, à charge d'employer leur produit et leurs revenus à la construction d'un bâtiment à portée de l'église cathédrale, pour y établir une bibliothèque, et de fonder, du reste, un *office* particulier pour son entretien et à son profit. Les administrateurs de cette fondation étaient le grand archidiacre et un chanoine député par le Chapitre et les maîtres du *Cellier*. Les volontés de monsieur DE WINGHE ont été exécutées, mais l'on ignore l'endroit où cette bibliothèque a été établie originairement.

Denis Devillers, chanoine de Tournay, est considéré ensuite, comme le principal bienfaiteur de ce dépôt. Son portrait se trouvait placé, comme celui de de Winghe, dans l'antichambre de la bibliothèque. Les inscriptions suivantes les distinguaient :

HIERONYMO WINGHIO

CANONICO

QUI PRIMUS

BIBLIOTHECAM HANC EREXIT,

OMNIBUS LIBRIS ET BONIS SUIS

IN ID RELICTIS.

DIONYSIO VILLERIO

CANONICO

ET CANCELLARIO,

CUJUS PERAMPLA BIBLIOTHECA

WINGHIANÆ JUNCTA

ILLAM PLURIMUM ILLUSTRAT.

Les portraits ont disparu, à l'époque de la révolution, dont nous aurons occasion de parler ultérieurement, mais les inscriptions sont demeurées intactes : elles se trouvent placées des deux côtés de la porte du salon. L'antichambre renfermait à cette époque, de superbes tableaux, et une riche collection de médailles. Des inscriptions qui règnent encore au-dessus des armoires, qui les renfermaient, attestent l'existence de ces richesses passées de l'établissement. La plupart d'entre elles et des objets d'antiquité, qui s'y trouvaient, provenaient du cabinet de Monsieur le chanoine DE VILLERS.

CLAUDE DAUSQUE, chanoine de Tournay, a ordonné par son testament du 9 janvier 1643, *que sa bibliothèque, et ses livres reliés et imprimés appartiendraient à la commune bibliothèque de Messieurs du*

Chapitre, à la charge de trois messes, par semaines; il estimait ses richesses littéraires à une valeur de sept mille florins. Cette clause a été acceptée et exécutée.

Monsieur DE WAVRANS, évêque d'Ypres, et précédemment chanoine de Tournay, décédé en 1784, a aussi légué sa belle bibliothèque à celle du Chapitre de notre cathédrale.

Monsieur DE WITRY - D'EVERLANGE, chanoine de Tournay, membre de l'académie de Bruxelles, l'un des derniers administrateurs de la bibliothèque, l'a enrichie d'un grand nombre de médailles et d'autres antiquités.

La légende qui se trouve en tête de l'ancien catalogue des livres de la bibliothèque, ne laisse aucun doute sur la jouissance que le public en avait; voici cette légende:

« Index generalis librorum bi-
» bliothecæ capituli Tornacensis,
» quam singulari in rem littera-
» riam studio suosque cives be-
» nevolentia singulis prope anni
» diebus, omnibus petere voluit. »

Ce dépôt littéraire a infiniment souffert à l'époque de la révolution, en 1794; les ouvrages les plus précieux ont été d'abord soustraits par un sage motif de précaution par les membres du Chapitre, lors de leur suppression. Ensuite, quand on a formé l'école centrale à Mons, des commissaires, envoyés par l'administration du département, ont disposé d'un grand nombre d'ouvrages pour former la bibliothèque de cette école. La municipalité de Tournay adressa à ce sujet, et à plusieurs reprises, de vives réclamations à l'administration centrale du département de Jemmapes, notamment le 7 prairial et le 3 messidor an 5. Elle ne cessa entre temps de faire des instances continuelles près d'elle, pour conserver à la ville une bibliothèque publique; elle offrit de faire dresser à ses frais un catalogue des ouvrages qui se trouvaient encore dans les bibliothèques de la cathédrale et de l'abbaye de St. Martin, afin, disait-elle, d'obtenir au moins du gouvernement la faculté de conserver à Tournay un exemplaire des ouvrages qui s'y trouvaient en double, en triple, etc.....

L'administration centrale, par sa lettre du 16 prairial, donnait à entendre à la municipalité de Tournay, qu'elle était fondée à réclamer pour l'usage de cette commune, les livres qui n'auraient pas été nécessaires pour la formation de la bibliothèque du chef-lieu.

« Or, dit la lettre de notre mu-
» nicipalité, en date du 3 messidor,
» comment nous sera-t-il possible
» de rendre un jour cette récla-
» mation fructueuse, si dans le
» concours de plusieurs commu-
» nes, qui formeront peut-être les
» mêmes prétentions, nous n'avons
» aucune preuve à fournir. (Un
» commissaire spécial devait faire
» l'inventaire des livres par ordre
» numérique.) Si la loi du 3 bru-
» maire an 4, dont vous parlez,
» et qui ne nous est pas parvenue,

» abroge les mesures prescrites en
» pareille matière par l'arrêté du
» 5 pluviôse an 3 : si elle ordonne
» que tout soit transporté dans le
» chef-lieu, si enfin, elle assujétit
» à ce double transport tous les
» ouvrages, qui, n'étant point ju-
» gés nécessaires à Mons, devront
» être renvoyés à Tournay ; nous
» sommes éloignés de vouloir met-
» tre aucune entrave à son exé-
» cution. Mais nous ne pouvons en
» acquit de notre devoir nous dis-
» penser d'insister sur la forma-
» tion préalable des catalogues, au
» moyen desquels nous ayons, dans
» tous les temps, la possibilité de
» prouver aux autres communes

» la légitimité de nos prétentions, » et de soumettre aux autorités » supérieures les réclamations, que » l'intérêt de nos administrés pour- » rait nous prescrire sur cet objet » important. »

Ces sages observations demeurèrent en partie sans effet. « Quant » à l'autorisation que nous avons » donnée au commissaire spécial, » disent les membres de l'administration centrale du département, dans leur réponse du 7 du même mois, « de ne former ses inventai- » res qu'en masse, elle est fondée » sur le désordre qui règne dans » les bibliothèques de Tournay,

» où, comme nous vous l'avons
» déjà observé, il faudrait un temps
» très considérable, et une dépense
» que les circonstances ne peuvent
» permettre, quelque faible qu'elle
» pourrait être, pour en classer
» tous les ouvrages. Notre biblio-
» thécaire, homme actif et intel-
» ligent, saura en faire le triage
» au fur et à mesure qu'ils arri-
» veront. Cette opération exigera
» un temps beaucoup moins long,
» et sera beaucoup plus assurée. »

En conséquence, dans sa séance du 15 floréal an 6, l'administration centrale du département ordonna définitivement la translation à Mons de tous les ouvrages, tableaux, objets d'art et d'antiquité, de toutes les cartes et gravures des bibliothèques de la cathédrale et de l'abbaye de St. Martin. Il peut être curieux de trouver ici les *considérants* de cet arrêté.

« L'administration centrale du » département de Jemmapes ;

« Considérant que l'instruction » publique est le premier besoin » des hommes libres, et qu'elle est » le seul moyen d'opérer la régé- » nération des mœurs, en don- » nant à l'état des citoyens éclai- » rés, et des fonctionnaires sincère-

» ment attachés au gouvernement.

» Considérant qu'en attendant » l'organisation de l'école centrale, » qui doit avoir lieu incessamment, » il est urgent de prendre les me- » sures convenables, pour enrichir » la bibliothèque de ce départe- » ment d'un grand nombre de bons » livres, dont elle est dépour- » vue.

» Considérant qu'il résulte du » rapport du citoyen ***, biblio- » thécaire, que le dépouillement » des bibliothèques des abbayes » supprimées n'a produit qu'une » masse inutile de livres de théo-

» logie ; ceux relatifs aux scien-
» ces ayant disparu.

» Considérant qu'il existe deux
» dépôts précieux échappés aux
» dilapidations : que la bibliothè-
» que de l'abbaye supprimée de
» St. Martin à Tournay, et celle
» de la ci-devant cathédrale, rem-
» ferment des ouvrages qu'il est
» instant de faire rentrer à la bi-
» bliothèque centrale, afin de la
» rendre digne du chef-lieu du dé-
» partement, et utile aux écoles.

» Considérant que le moyen le
» plus prompt, pour opérer cette
» réunion, est d'y envoyer un

» commissaire probe et intelligent.

» L'administration susdite, le faisant fonctions de commissaire du » Directoire exécutif entendu, arrête que le citoyen *** est nommé » commissaire, à l'effet de faire » transporter à la bibliothèque centrale à Mons, les livres composant celles des cathédrale et abbaye de St. Martin à Tournay, » ainsi que tous les objets, qui se » trouvent dans cette commune, et » qui ont été désignés par la commission chargée d'en faire la recherche. Il fera effectuer ce transport par bateau, cette voie étant » plus économique......... etc. »

Mais l'intérêt de notre ville, le zèle pour sa prospérité constante, suggéra soudain à l'un de nos plus dignes magistrats une résolution, qui paralysa en partie des mesures si spoliatrices et si contraires à l'honneur et aux véritables intérêts de ses administrés. Par sa vigilance et son activité, un triage de 1500 volumes, parmi les plus précieux de ces bibliothèques, se fit pendant la nuit, qui suivit la notification à notre municipalité de l'arrêté précité de l'administration centrale. Ils furent transportés secrètement à l'hôtel-de-ville, et ils y sont restés cachés pendant 6 ans, sous la surveillance du secrétaire de la municipalité de cette époque. Un citoyen de Tournay, très versé dans la connaissance de la bibliographie, en fit le catalogue fidèle. C'est à l'époque à laquelle nous pûmes, sans crainte, faire valoir nos droits, que ces richesses littéraires furent déposées au local de la ci-devant bibliothèque de la cathédrale : aussitôt que les rênes de l'état eurent passé en France dans les mains de Napoléon, ce dernier manifesta sa volonté de conserver les institutions utiles. Les écoles centrales ont été supprimées, et d'après les intentions du gouvernement, il paraissait que toutes les propriétés de l'école centrale auraient dû être partagées entre les principales écoles secondaires du département. A plus forte raison, ce qui ne pouvait être considéré que comme un dépôt, aurait dû être rendu à son propriétaire, et conséquemment les livres, venant de la bibliothèque de cette ville, auraient dû lui être restitués. Cependant, il n'en a rien été.

Le conseil-général de la ville conçut alors l'espoir et forma le vœu de sauver du naufrage la bibliothèque. On réunit tous les [1] re-

[1] Voyez l'ouvrage intitulé : *Coup-d'œil sur la Statistique commerciale de la ville de*

ligieux larcins; on les déposa dans l'ancien local. Dès 1811, un [1] bi-

Tournay et de son arrondissement, *par Monsieur Charles Le Cocq*, *etc.*, pag. 320, 2me édition, Tournay, imprimerie de D. Casterman. 1817.

[1] Monsieur Waché, ancien bibliothécaire de l'abbaye de Cisoing, chanoine honoraire de la cathédrale de Tournay, etc. Ce savant, aidé de M. Hocquart, naguère adjoint au bibliothécaire de la cathédrale, avait été chargé dès le 13 Fructidor an X, par l'administration municipale, de mettre de l'ordre dans les ouvrages qui se trouvaient encore dans la ci-devant bibliothèque du chapitre. Ces messieurs s'étaient offerts d'eux-mêmes en qualité de bibliothécaires gratuits de ce dépôt. (Voyez *l'Histoire de Tournay*, par monsieur Hoverlant de Bauwelaar, propriétaire, ex-législateur. Volume 40.

bliothécaire fut nommé définitivement. Dès lors, on s'est occupé de rassembler avec soin les ouvrages, et de reconnaître ceux qui avaient été conservés.

Le public fut si satisfait de ce qu'on songeait à lui rendre la jouissance de cet établissement, que beaucoup de personnes s'empressèrent de rendre à la bibliothèque un grand nombre d'ouvrages précieux, qui avaient été soustraits par mesure de précaution, ou vendus à vil prix, lors de l'entrée des Français. Monsieur l'évêque de Tournay, à son avènement au siége épiscopal, en 1802, était à Paris. Instruit qu'il y avait à Tournay, et près de son palais, une bibliothèque, qui avait beaucoup souffert de la révolution, il profita de son séjour dans la capitale, pour solliciter près du Ministre de l'Intérieur l'autorisation de choisir dans quelques bibliothèques de Paris, des ouvrages en double, pour la bibliothèque publique de Tournay. L'administration de la ville apprît avec une vive joie cette première marque d'intérêt de son Evêque, et s'empressa à son arrivée de lui en exprimer sa reconnaissance ; elle crut ne pouvoir mieux lui témoigner, combien elle était sensible à cette bonté, qu'en lui présentant une clef de la bibliothèque : cette attention parut être agréable à Monsieur l'Evêque ; il parla beaucoup des ouvrages qu'il attendait de Paris pour la bibliothèque. Ce Prélat avait montré les plus grandes dispositions de seconder l'administration pour le rétablissement de cette bibliothèque; mais depuis lors, ces dispositions furent bien changées : il parut avoir d'autres projets : il conserva pour son usage cinq à six mille volumes, qu'il avait été autorisé de choisir dans les bibliothèques de Paris ; il parut vouloir former des prétentions sur la bibliothèque publique de Tournay, parce qu'elle appartenait autrefois au Chapitre. Monsieur l'Evêque, en formant ces prétentions, avait-il l'intention d'administrer la bibliothèque, comme le faisait le Chapitre autrefois? Cela n'est pas probable : il n'en avait pas les moyens : cette circonstance lui eut été plus onéreuse et pas plus profitable, que si la ville était seule chargée de l'entretenir.

Le Conseil municipal forma dès-lors le vœu de rendre au public la jouissance entière de la bibliothèque, et de donner à cet établissement une entrée indépendante de la cathédrale. Ce projet a reçu son exécution. Néanmoins, si l'intention a été de donner à la bibliothèque une entrée plus commode, vu que cette entrée se trouve sur la place de l'Evêché, tandis que naguère le seul escalier, qui y conduisait (et qui existe encore), était situé dans la cathédrale, près du grand portail de cette église épiscopale, l'intention fut aussi de conserver à Monsieur l'Evêque, l'entrée qu'il y avait déjà.

A cette époque, les ouvrages de la bibliothèque rassemblés formait un ensemble de seize mille volumes. Monsieur le bibliothécaire en fit un catalogue, que la Municipalité fit passer au Préfet avec un mémoire, dans lequel on proposa de vendre une grande quantité d'ouvrages, qui ne pouvaient être considérés que comme bouquins, et d'acheter avec ces livres de rebut, qui ne furent vendus que comme papiers à-la livre, les principaux ouvrages qui manquaient dans la bibliothèque, particulièrement des ouvrages didactiques, et surtout ceux qui concernaient la législation, l'histoire naturelle, la physique, la chimie, la médecine, les mathématiques et les belles-lettres.

Cette proposition fut accueillie et reçut son exécution.

La conservation de la bibliothèque publique de Tournay a été extrêmement précieuse sous le rapport de l'instruction et de l'utilité. Un Athénée royal, un séminaire, un chapitre, des tribunaux, rendent une bibliothèque publique indispensable. Il ne suffit pas de prouver l'utilité d'un établissement, de donner les moyens de le réorganiser, il faut encore présenter ceux de le conserver, de manière à en retirer les fruits, qu'on peut raisonnablement en espérer ; ces moyens de conservation, qui doivent être en même-temps, pour un semblable établissement, des moyens d'amélioration, consistaient, à cette époque, dans une certaine somme, que la Municipalité allouait chaque année à la bibliothèque.

Cependant cet établissement ne fut point encore ouvert au public. Monsieur le bibliothécaire donna tous ses soins à l'arrangement des volumes, qui, à l'époque de l'évacuation de la Belgique par les Français, s'y trouvaient déjà rassemblés au nombre d'environ vingt-deux mille. Des considérations administratives nous empêchèrent, sans doute, de jouir des avantages de ce précieux dépôt, avant le premier mars 1818, que la bibliothèque de la ville de Tournay fut définitivement ouverte au public.

Dès lors un réglement, tant pour l'administration de la bibliothèque que pour sa police intérieure, fut arrêté et promulgué : les dispositions qu'il renferme, sont des plus sages, et en harmonie avec celles, qui régissent les plus grands établissemens de ce genre. Deux ans après, Monsieur le bibliothécaire, déjà d'un âge fort avancé, paya le tribut à la nature. Pendant la dernière année de sa vie, un bibliothécaire adjoint lui avait été accordé par l'administration, pour l'aider dans son emploi. Un an après sa mort, ce fonctionnaire fut nommé lui-même Bibliothécaire de la ville de Tournay; il est encore le directeur actuel de cet établissement. Notre bibliothèque publique renferme en ce moment près de 24,000 volumes; parmi lesquels plusieurs manuscrits précieux et très bien conservés, et quelques uns des plus beaux ouvrages modernes, publiés dans la partie des sciences, des arts et des lettres.

Les ouvrages sont classés d'après le système bibliographique de Debure. Les plus précieux sont renfermés sous clef. Un globe céleste et un globe terrestre d'une grande dimension en ornent utilement la partie du fond. Un planétaire se voit vers le milieu du salon. Ces beaux morceaux s'y trouvaient avant la révolution ; ils sont aujourd'hui élégamment restaurés.

Depuis la renaissance de l'établissement, deux groupes ont été placés dans son enceinte. L'un représentant *la Victoire couronnant le Lion Belgique*, et que l'on a dû, en 1816, au talent de l'un de nos[1] concitoyens les plus recommanda-

[1] Monsieur Paul Dumortier, professeur à l'Académie de Dessin, etc.

bles, fut présenté par l'auteur, en mai 1817, à Sa Majesté le Roi, qui daigna en agréer l'hommage, et ordonna que cet ouvrage fût placé dans un établissement public : il se trouve en face du salon. L'autre, retraçant le beau trait de piété filiale, qui eut lieu à Rome, sous Tibère, s'élève vers le fond de la bibliothèque. Il date de l'année 1820; c'est l'œuvre d'un[1] artiste français, élève de l'académie de dessin de Tournay, sous l'ancien régime. Plusieurs objets d'histoire naturelle, ou d'antiquité, sauvés du naufrage révolu-

[1] Monsieur Pointeau d'Éblégy.

tionnaire, donnés à l'établissement, ou acquis pour lui depuis 1818, ornent l'antichambre et le salon. L'on voit en outre, dans ce dernier, une collection intéressante d'antiquités Gauloises et Romaines, trouvées sous le sol de la grande place de Tournay, lors des fouilles qui y furent faites en 1821, pour la construction d'un aquéduc. Ces objets précieux ont été décrits aussitôt après leur exploration, avec beaucoup de soin et de sagacité, par Monsieur Bruno Renard, Architecte de la ville de Tournay, Professeur à l'Académie de dessin, etc.

Des fonds sont affectés annuellement par la Régence de la ville à l'accroissement des richesses de cette Bibliothèque. En général, elle se trouve aujourd'hui dans un état prospère.

Nous avons tâché d'esquisser l'origine et les développemens de l'organisation de la Bibliothèque publique de la ville de Tournay. Nous en sommes donc venus à l'époque actuelle, où son utilité inappréciable se fait sentir de jour en jour plus puissamment.

Mais il nous reste un devoir à remplir ; gardons-nous donc de passer sous silence les actes généreux des hommes, qui, depuis sa restauration, sous l'empire de notre auguste Monarque, se sont plûs à la doter de monumens divers des sciences et des arts. *Les gouvernemens font les nations*, a dit Montesquieu, et notre position glorieuse est bien propre à confirmer une telle assertion. L'influence génératrice de la main tutélaire qui nous gouverne, s'est communiquée, par l'intermédiaire de laborïeux et dignes Magistrats, à des âmes nobles et bienfaisantes : elle y a fait germer les semences précieuses d'un amour vif du bien public. Elle les a fait proclamer les bienfaiteurs modernes du bel Etablissement, dont la ville de Tournay peut s'énorgueillir à de très justes titres. Déjà leurs noms vénérés de tout citoyen éclairé se trouvent consignés dans des registres authentiques destinés à passer à nos derniers neveux : c'est à une source aussi pure, qu'ils viendront puiser des principes de désintéressement et de patriotisme.

BIBLIOTHÈQUES LES PLUS CÉLÈBRES DE L'ANTIQUITÉ.

Le nom de BIBLIOTHÈQUE est formé de Βιβλος, livre et de θήκη, *theca, repositorium;* ce dernier mot vient de τίθημι, *pono*, et se dit de tout ce qui sert à serrer quelque chose. Ainsi *bibliothèque*, selon le sens littéral de ce mot, signifie un lieu destiné pour y mettre des livres. Une *bibliothèque* est un lieu plus ou moins vaste, avec des tablettes ou des armoires où les livres sont rangés sous différentes classes.

Outre ce premier sens littéral, on donne aussi le nom de *bibliothèque* à la collection même des livres. Quelques auteurs ont donné par extension et par métaphore, le nom de *bibliothèque* à certains recueils qu'ils ont faits, ou à certaine compilation d'ouvrages. Telles sont la *bibliothèque* rabbinique, la *bibliothèque* des auteurs ecclésiastiques, *bibliotheca patrum*, etc.

C'est en ce dernier sens que les auteurs ecclésiastiques ont donné par excellence le nom de *bibliothè-*

que au recueil des livres inspirés, que nous appelons encore aujourd'hui la *bible*, c'est-à-dire, le livre par excellence. En effet, selon le sentiment des critiques les plus judicieux, il n'y avait point de livres avant le temps de Moïse, et les Hébreux ne purent avoir de *bibliothèque* qu'après sa mort : pour lors ses écrits furent recueillis et conservés avec beaucoup d'attention. Par la suite on y ajouta plusieurs autres ouvrages.

On peut distinguer les livres des Hébreux, en livres sacrés et livres profanes : le seul objet des premiers était la religion; les derniers traitaient de la philosophie naturelle et des connaissances civiles ou politiques.

Les livres sacrés étaient conservés ou dans des endroits publics, ou dans des lieux particuliers : par endroits publics, il faut entendre toutes les synagogues, et principalement le temple de Jérusalem, où l'on gardait avec un respect infini les tables de pierre sur lesquelles Dieu avait écrit ses dix commandemens, et qu'il ordonna à Moïse de déposer dans l'arche d'alliance.

Outre les tables de la loi, les livres de Moïses et ceux des prophètes furent conservés dans la partie la plus secrète du sanctuaire, où il n'était permis à personne de les lire ni d'y toucher; le grand-prêtre seul avait droit d'entrer dans ce lieu sacré, et cela seulement une fois par an : ainsi ces livres sacrés furent à l'abri des corruptions des interprétations; aussi étaient-ils dans la suite la pierre de touche de tous les autres, comme Moïse le prédit au 32e chapitre du Deutéronome, où il ordonna aux lévites de placer ses livres au-dedans de l'arche.

Quelques auteurs croyent que Moïse étant prêt à mourir, ordonna qu'on fît douze copies de la loi, qu'il distribua aux douze tribus : mais Maimonidas assure qu'il en fit faire treize copies, c'est-à-dire douze pour les douze tribus, et une pour les lévites, et qu'il leur dit à tous, en les leur donnant : *recevez le livre de la loi que Dieu lui-même nous a donné*. Les interprêtes ne sont pas d'accord si ce volume sacré fut déposé dans l'arche avec les tables de pierre ou bien dans un petit cabinet séparé.

Quoiqu'il en soit, Josué écrivit un livre qu'il ajouta ensuite à ceux de Moïse. *Josué XIV*. Tous les prophètes firent aussi des copies de leurs sermons et de leurs exhortations, comme on peut le voir au chapitre XV de Jérémie, et dans plusieurs autres endroits de l'écriture : ces sermons et ces exhortations furent conservés dans le temple pour l'instruction de la postérité.

Tous ces ouvrages composaient une *bibliothèque* plus estimable par sa valeur intrinsèque, que par le nombre des volumes.

Voilà tout ce qu'on sait de la *bibliothèque sacrée* qu'on gardait dans le temple : mais il faut remarquer qu'après le retour des Juifs de la captivité de Babylone, Néhémie rassembla les livres de Moïse, et ceux des rois et des prophètes, dont il forma une bibliothèque; il fut aidé dans cette entreprise par Esdras, qui, au sentiment de quelques uns, rétablit le Pentateuque, et toutes les anciennes écritures saintes qui avaient été dipersées lorsque les Babyloniens prirent Jérusalem et brûlèrent le temple avec la bibliothèque qui y était renfermée : mais c'est sur quoi les savans ne sont point d'accord. En effet c'est un point très difficile à décider.

Quelques auteurs prétendent que cette bibliothèque fut de nouveau rétablie par Judas Machabée, parce que la plus grande partie en avait été brûlée par Antiochus, comme on lit, *chap. I, du premier livre des Machabées*. Quand même on conviendrait qu'elle eut subsisté jusqu'à la destruction du second temple, on ne saurait cependant déterminer le lieu où elle était déposée : mais il est probable qu'elle eut le même sort que la ville. Car quoique Rabbi Benjamin affirme que le tombeau du prophète Ezéchiel avec la bibliothèque du premier et du second temple, se voyaient encore de son temps dans un lieu situé sur les bords de l'Euphrate ; cependant Manassés de Groningue, et plusieurs autres personnes, dont on ne saurait révoquer en doute le témoignage, et qui ont fait exprès le voyage de Mésopotamie, assurent qu'il ne reste aucun vestige de ce que prétend avoir vu Rabbi Benjamin, et que dans tout le pays il n'y a ni tombeau ni bibliothèque hébraïque.

Outre la grande bibliothèque, qui était conservée religieusement dans le temple, il y en avait encore une dans chaque synagogue. *Actes des apôtres, XV. Luc. IV.* 16. 17. Les auteurs conviennent presque unanimement que l'académie de Jérusalem était composée de quatre cent cinquante synagogues ou colléges, dont chacune avait sa bibliothèque, où l'on allait publiquement lire les écritures saintes.

Après ces bibliothèques publiques qui étaient dans le temple et dans les synagogues, il y avait encore des bibliothèques sacrées particulières. Chaque Juif en avait une, puisqu'ils étaient tous obligés d'avoir les livres qui regardaient leur religion, et même de transcrire chacun de sa propre main une copie de la loi.

On voyait encore des bibliothèques dans les célèbres universités, ou écoles des Juifs. Ils avaient aussi plusieurs villes fameuses par les sciences qu'on y cultivait, entre autres celle que Josué nomme la ville des lettres, et qu'on croit avoir été Cariatsepher, située sur les confins de la tribu de Juda. Dans la suite celle de Tiberiade ne fut pas moins fameuse par son école; et il est probable que ces sortes d'académies n'étaient point dépourvues de bibliothèques.

Depuis l'entière dispersion des Juifs, à la ruine de Jérusalem et du temple par Tite, leurs docteurs particuliers ou rabbins ont écrit prodigieusement, et comme l'on sait, un amas de rêveries et de contes ridicules : mais dans les pays où ils sont tolérés et où ils ont des synagogues, on ne voit point dans ces lieux d'assemblées, d'autres livres que ceux de la loi : le Thalmud et les paraphrases, non plus que les recueils de traditions rabbiniques, ne forment point de corps de bibliothèque.

Les Chaldéens et les Egyptiens étant les plus proches voisins de la Judée, furent probablement les premiers que les Juifs instruisirent de leurs sciences; à ceux-là nous joindrons les Phéniciens et les Arabes.

Il est certain que les sciences furent portées à une grande perfection par toutes ces nations, et surtout par les Egyptiens, que quelques auteurs regardent comme la nation la plus savante du monde, tant dans la théologie payenne que dans la physique.

Il est donc probable que leur grand amour pour les lettres avait produit de savans ouvrages et de nombreuses collections de livres.

Les auteurs ne parlent point des bibliothèques de la Chaldée; tout ce qu'on en peut dire, c'est qu'il y avait dans ce pays des savans en plusieurs genres, et surtout dans l'astronomie, comme il paraît par une suite d'observations de 1900 ans que Calisthènes envoya à Aristote après la prise de Babylone par Alexandre.

Eusèbe, *de præp. evangel.* dit que les Phéniciens étaient très curieux dans leurs collections de livres, mais que les bibliothèques les plus nombreuses et les mieux choisies étaient celles des Egyptiens, qui surpassaient toutes les autres nations en bibliothèques aussi bien qu'en savoir.

Selon Diodore de Sicile, le premier qui fonda une bibliothèque en

Egypte, fut Osymandias, successeur de Prothée et contemporain de Priam, roi de Troie. Pierius dit que ce prince aimait tant l'étude, qu'il fit construire une bibliothèque magnifique, ornée des statues de tous les dieux de l'Egypte, et sur le frontispice de laquelle il fit écrire ces mots, *le trésor des remèdes de l'ame*; mais ni Diodore de Sicile ni les autres historiens ne disent rien du nombre de volumes qu'elle contenait ; autant qu'on en peut juger elle ne pouvait pas être fort nombreuse, vu le peu de livres qui existaient pour lors, et qui étaient tous écrits pour les prêtres; car pour ceux de leurs deux Mercures qu'on regardait comme des ouvrages divins, on ne les connaît que de nom, et ceux de Manethon sont bien postérieurs au temps dont nous parlons. Il y avait une très belle bibliothèque à Memphis, aujourd'hui le grand Caire, qui était déposée dans le temple de Vulcain : c'est de cette bibliothèque que Naucrates accuse Homère d'avoir volé l'Iliade et l'Odyssé, et de les avoir ensuite donnés comme ses propres productions.

Mais la plus grande et la plus magnifique bibliothèque de l'Egypte, et peut-être du monde entier, était celle des Ptolomées à

Alexandrie; elle fut commencée par Ptolomée Soter, et composée par les soins de Demétrius de Phalère, qui fit rechercher à grands frais des livres chez toutes les nations, et en forma, selon St-Epiphane, une collectiou de 54800 volumes. Josephe dit qu'il y en avait 200 mille, et que Démétrius espérait en avoir dans peu 500 mille; cependant Eusèbe assure qu'à la mort de Philadelphe, successeur de Soter, cette bibliothèque n'était composée que de cent mille volumes. Il est vrai que sous ses successeurs elle s'augmenta par dégrés, et qu'enfin on y compta jusqu'à 700,000 volumes; il faut entendre des rouleaux beaucoup moins chargés que ne sont nos volumes.

Il acheta de Nelée, à des prix exorbitans, une partie des ouvrages d'Aristote, et un grand nombre d'autres volumes qu'il fit chercher à Rome et à Athènes, en Perse, en Ethiopie.

Un des plus précieux morceaux de sa bibliothèque était l'écriture Sainte, qu'il fit déposer dans le principal appartement, après l'avoir fait traduire en grec par les soixante-douze interprêtes, que le grand-prêtre Eléazar avoit envoyés pour cet effet à Ptolomée, qui les avait fait demander par Aristée, homme très savant et capitaine de ses gardes.

Un de ses successeurs, nommé Ptolomée Phiscon, prince d'ailleurs cruel, ne témoigna pas moins de passion pour enrichir la bibliothèque d'Alexandrie. On raconte de lui, que dans un temps de famine il refusa aux Athéniens les blés qu'ils avaient coutume de tirer de l'Egypte, à moins qu'ils ne lui remissent les originaux des tragédies d'Eschyle, de Sophocle, et d'Euripide; et qu'il les garda en leur en renvoyant seulement des copies fidèles, et leur abandonna quinze talens qu'il avait consignés pour sûreté des originaux.

Tout le monde sait ce qui obligea Jules César, assiégé dans un quartier d'Alexandrie, à faire mettre le feu à la flotte qui était dans le port. Malheureusement le vent porta les flammes plus loin que César ne voulait; et le feu ayant pris aux maisons voisines du grand port, se communiqua de là au quartier de Bruchion, aux magasins de blé et à la *bibliothèque* qui en faisait partie, et causa l'embrâsement de cette fameuse bibliothèque.

Quelques auteurs croyent qu'il

n'y eut que 400,000 volumes de brûlés, et que, tant des autres livres qu'on put sauver de l'incendie que des débris de la bibliothèque des rois de Pergame, dont 200,000 volumes furent donnés à Cléopâtre par Antoine, on forma la nouvelle bibliothèque du Serapion, qui devint en peu de temps fort nombreuse. Mais après les diverses révolutions sous les empereurs romains, dans lesquelles la bibliothèque fut tantôt pillée et tantôt rétablie, elle fut enfin détruite l'an 650 de Jésus-Christ, par Amry, général des Sarrasins, qui, sur un ordre du calife Omar, commanda que les livres de la bibliothèque d'Alexandrie fussent distribués dans les bains publics de cette ville, où ils servirent à les chauffer pendant six mois.

La bibliothèque des rois de Pergame dont nous venons de parler, fut fondée par Eumènes et Attalus. Animés par un esprit d'émulation, ces princes firent tous leurs efforts pour égaler la grandeur et la munificence des rois d'Egypte, et surtout en amassant un nombre prodigieux de livres, dont Pline dit que le nombre était de plus de deux cent mille. Volaterani dit qu'ils furent tous brûlés à la prise de Pergame; mais Pline et plusieurs autres nous assurent que Marc Antoine les donna à Cléopâtre, ce qui ne s'accorde pourtant pas avec le témoignage de Strabon, qui dit que cette bibliothèque était à Pergame de son temps, c'est-à-dire, sous le règne de Tibère. On pourrait concilier ces différens historiens, en remarquant qu'il est vrai que Marc Antoine avait fait transporter cette bibliothèque de Pergame à Alexandrie, et qu'après la bataille d'Actium, Auguste, qui se plaisait à défaire tout ce qu'Antoine avait fait, la fit reporter à Pergame. Mais ceci ne doit être pris que sur le pied d'une conjecture, aussi bien que le sentiment de quelques auteurs, qui prétendent qu'Alexandre-le-Grand en fonda une magnifique à Alexandrie, qui donna lieu par la suite à celle des Ptolomées.

Il y avait une bibliothèque considérable à Suze en Perse, où Métosthènes consulta les annales de cette monarchie, pour écrire l'histoire qu'il nous en a laissée. Diodore de Sicile parle de cette bibliothèque; mais on croit communément qu'elle contenait moins des livres de sciences, qu'une collection des lois, des Chartres, et des ordonnances des rois. C'était un dépôt semblable à nos chambres des comptes.

Nous ne savons rien de positif

sur l'histoire de la Grèce, avant les guerres de Thèbes et de Troie. Il serait donc inutile de chercher des livres en Grèce avant ces époques.

Les Lacédémoniens n'avaient point de livres ; ils exprimaient tout d'une façon si concise et en si peu de mots, que l'Ecriture leur paraissait superflue, puisque la mémoire leur suffisait pour se souvenir de tout ce qu'ils avaient besoin de savoir.

Les Athéniens, au contraire, qui étaient grands parleurs, écrivirent beaucoup ; et dès que les sciences eurent commencé à fleurir à Athènes, la Grèce fût bientôt enrichie d'un grand nombre d'ouvrages de toutes espèces. Val. Maxime dit, que le tyran Pisistrate fut le premier de tous les Grecs qui s'avisa de faire un recueil des ouvrages des savans, en quoi la politique n'eût peut-être pas peu de part ; il voulait en fondant une bibliothèque pour l'usage du public, gagner l'amitié de ceux que la perte de leur liberté faisait gémir sous son usurpation. Cicéron dit que c'est à Pisistrate que nous avons l'obligation d'avoir rassemblé en un seul volume les ouvrages d'Homère, qui se chantaient auparavant par toute la Grèce par morceaux détachés et sans aucun ordre. Platon attribue cet honneur à Hipparque, fils de Pisistrate. D'autres prétendent que ce fut Solon; et d'autres reportent cette précieuse collection à Lycurgue et à Zenodote d'Ephèse.

Les Athéniens augmentèrent considérablement cette bibliothèque après la mort de Pisistrate, et en fondèrent même d'autres; mais Xercès, après s'être rendu maître d'Athènes emporta tous leurs livres en Perse. Il est vrai que si on en veut croire Aulugelle, Séleucus Nicator les fit rapporter en cette ville quelques siècles après.

Zuringer dit, qu'il y avait alors une bibliothèque magnifique dans l'île de Cnidos, une des Cyclades : qu'elle fut brûlée par l'ordre d'Hippocrate le médecin, parce que les habitans refusèrent de suivre sa doctrine. Ce fait au reste n'est pas trop avéré.

Cléarque, tyran d'Héraclée et disciple de Platon et d'Isocrate, fonda une bibliothèque dans sa capitale ; ce qui lui attira l'estime de tous ses sujets, malgré toutes les cruautés qu'il exerça contre eux.

Camérarius parle de la bibliothèque d'Apamée comme d'une des plus célèbres de l'antiquité. Angelus Rocha, dans son catalogue de la bibliothèque du Vatican, dit qu'elle contenait plus de 20000 volumes.

Si les anciens Grecs n'avaient que peu de livres, les anciens Romains en avaient encore bien moins. Par la suite ils eurent, aussi bien que les Juifs, deux sortes de bibliothèques, les unes publiques, les autres particulières. Dans les premières étaient les édits et les lois touchant la police et le gouvernement de l'état; les autres étaient celles que chaque particulier formait dans sa maison, comme celle que Paul Emile apporta de Macédoine après la défaite de Persée.

Il y avait aussi des bibliothèques sacrées qui regardaient la religion des Romains, et qui dépendaient entièrement des pontifes et des augures.

Voilà à peu près ce que les auteurs nous apprennent touchant les bibliothèques des Romains. A l'égard des bibliothèques particulières, il est certain qu'aucune nation n'a eu plus d'avantages, ni plus d'occasions pour en avoir de très considérables, puisque les Romains étaient les maîtres de la plus grande partie du monde connu pour lors.

L'histoire nous apprend qu'à la prise de Carthage, le sénat fit présent à la famille de Régulus de tous les livres qu'on avait trouvés dans cette ville, et qu'il fit traduire en latin 28 volumes, composés par Magon, Carthaginois, sur l'agriculture.

Plutarque assure que Paul Emile distribua à ses enfans la bibliothèque de Persée, roi de Macédoine, qu'il mena en triomphe à Rome. Mais Isidore dit positivement, qu'il la donna au public.

Asinius Pollion fit plus, car il fonda une bibliothèque exprès pour l'usage du public, qu'il composa des dépouilles de tous les ennemis qu'il avait vaincus, et de grand nombre de livres qu'il acheta : il l'orna de portraits de savans, et entre autres de celui de Varron.

Varron avait aussi une magnifique bibliothèque. Celle de Cicéron ne devait pas l'être moins, si on fait attention à son érudition, à son goût, et à son rang; mais elle fut considérablement augmentée par celle de son ami Atticus, qu'il préférait à tous les trésors de Crésus.

Plutarque parle de la bibliothèque de Lucullus comme d'une des plus considérables du monde, tant par rapport au nombre de volumes, que par rapport aux superbes ornemens dont elle était décorée.

La bibliotéque de César était digne de lui, et rien ne pouvait contribuer davantage à lui donner de la réputation, que d'en avoir confié le soin au savant Varron.

Auguste fonda une belle bibliothèque proche du temple d'Apollon, sur le mont Palatin. Horace, Juvenal et Perse, en parlent comme d'un endroit ou les poëtes avaient coutume de réciter et de déposer leurs ouvrages :

Scripta Palatinus quœcunque recepit Apollo, dit Horace.

Vespasien fonda une bibliothèque proche du temple de la paix, à l'imitation de César et d'Auguste.

Mais la plus maqnifique de toutes ces anciennes bibliothèques, était celle de Trajan, qu'il appella de son propre nom, la bibliothèque Ulpienne : elle fut fondée pour l'usage du public ; ct selon le cardinal Volaterani, l'empereur y avait fait écrire toutes les belles actions des princes et les décrets du sénat, sur des pièces de belle toile, qu'il fit couvrir d'ivoire. Quelques auteurs assurent que Trajan fit porter à Rome tous les livres qui se trouvaient dans les villes conquises, pour augmenter sa bibliothèque : il est probable que Pline le jeune, son favori, l'engagea à l'enrichir de la sorte.

Outre celles dont nous venons de parler, il y avait encore à Rome une bibliothèque considérable, fondée par Simonicus, précepteur de l'empereur Gordien ; Isidore et

Boece en font des éloges extraordinaires : ils disent qu'elle contenait 80,000 volumes choisis; et que l'appartement qui la renfermait, était pavé de marbre doré, les murs lambrissés de glaces et d'ivoire; et les armoires et pupitres, de bois d'ébène et de cèdre.

Les premiers chrétiens occupés d'abord uniquement de leur salut, brulèrent tous les livres qui n'avaient point de rapport à la religion. *Actes des Apôtres*... Ils eurent d'ailleurs trop de difficultés à combattre pour avoir le temps d'écrire et de se former des bibliothèques. Ils conservaient seulement dans leurs églises les livres de l'ancien et du nouveau testament, auxquels on joignit par la suite les actes des martyres. Quand un peu plus de repos leur permit de s'adonner aux sciences, il se forma des bibliothèques. Les auteurs parlent avec éloge de celle de St.-Jérôme, et de George, évêque d'Alexandrie.

On en voyait une célèbre à Césarée, fondée par Jules l'Africain et augmentée dans la suite par Eusèbe, évêque de cette ville, au nombre de 20,000 volumes. Quelques-uns en attribuent l'honneur à saint Pamphile, prêtre de Laodicée, et ami intime d'Eusèbe; et c'est ce que cet historien semble dire lui-même. Cette bibliothèque fut d'un grand secours à St.-Jérome, pour l'aider à corriger les livres de l'ancien testament : c'est là qu'il trouva l'évangile de St.-Mathieu en Hébreu. Quelques auteurs disent que cette bibliothèque fut dispersée, et qu'elle fut ensuite rétablie par St.-Grégoire de Nazianze, et Eusèbe.

St.-Augustin parle d'une bibliothèque d'Hippone. Celle d'Antioche était très célèbre; mais l'empereur Jovien, pour plaire à sa femme, la fit malheureusement détruire. Sans entrer dans un plus grand détail sur les bibliothèques des premiers chrétiens, il suffira de dire que chaque église avait sa bibliothèque pour l'usage de ceux qui s'appliquaient aux études. Eusèbe nous l'atteste; et il ajoute, que presque toutes ces bibliothèques, avec les oratoires où elles étaient conservées, furent brûlées et détruites par Dioclétien.

Passons maintenant à des bibliothèques plus considérables que celles dont nous venons de parler; c'est-à-dire, à celles qui furent fondées après que le christianisme fut affermi sans contradiction. Celle de Constantin-le-Grand, fondée selon Zonaras, l'an 336, mérite attention : ce prince voulant réparer la perte que le tyran son prédécesseur avait causée aux Chrétiens, porta tous ses soins à faire trouver des copies des livres qu'on avait voulu détruire. Il les fit transcrire, et y en ajouta d'autres, dont il forma à grands frais une nombreuse bibliothèque à Constantinople. L'empereur Julien voulut détruire cette bibliothèque et empêcher les Chrétiens d'avoir aucuns livres, afin de les plonger dans l'ignorance. Il fonda cependant lui-même deux grandes bibliothèques, l'une à Constantinople, et l'autre à Antioche, sur les frontispices desquelles il fit graver ces paroles : *Alii quidem equos amant, alii aves, alii feras; mihi verò a puerulo mirandum acquirendi et possidendi liberos insedit desiderium.*

Théodose le jeune ne fut pas moins soigneux à augmenter la bibliothèque de Constantin-le-Grand; elle ne contenait d'abord que 6,000 volumes : mais par ses soins et sa magnificence, il s'y en trouva en peu de tems 100,000. Léon l'Isaurien en fit bruler plus de la moitié, pour détruire les monuments qui auroient pû déposer contre son hérésie sur le culte des images. C'est dans cette bibliothèque que fut déposée la copie authentique du premier concile général de Nicée. On prétend que les ouvrages d'Homère y étoient aussi écrits en lettres d'or, et qu'ils furent brûlés lorsque les Iconoclastes détruisirent cette bibliothèque. Il y avait aussi une copie des évangiles, selon quelques auteurs, reliée en plaques d'or du poid de quinze livres et enrichie de pierreries.

Les nations barbares qui inondèrent l'Europe détruisirent les bibliothèques et les livres en général; leur fureur fut presque incroyable, et a causé la perte irréparable d'un nombre infini d'excellens ouvrages.

Le premier de ces tems-là qui

eût du goût pour les lettres fut Cassiodore, favori et ministre de Théodoric, roi des Goths qui s'établirent en Italie, et qu'on nomma communement Ostrogots. Cassiodore fatigué du poids du ministère, se retira dans un couvent qu'il fit bâtir, où il consacra le reste de ses jours à la priére et à l'étude. Il y fonda une bibliothèque pour l'usage des moines, compagnons de la solitude. Ce fut à-peu-près dans le même tems que le pape Hilaire, premier du nom, fonda deux bibliothèques dans l'église de saint-Etienne; et que le pape Zacharie I rétablit celle de saint Pierre, selon Platine.

Quelque temps après, Charlemagne fonda la sienne à l'isle Barbe, près de Lyon. Paradin dit qu'il l'enrichit d'un grand nombre de livres magnifiquement reliés ; et Sabellicus, aussi bien que Palmerius, assurent qu'il y mit entre autres un manuscrit des œuvres de S. Denys, dont l'empereur de Constantinople lui avait fait présent. Il fonda encore en Allemagne plusieurs collèges avec des bibliothèques, pour l'instruction de la jeunesse : entre autres une à saint-Gal en Suisse, qui était fort estimée. Le roi Pepin en fonda une à Fulde par le conseil de S. Boniface, l'apôtre de l'Allemagne : ce fut dans ce célèbre monastère que Raban-Mam et Hildebert vécurent et étudièrent en même temps. Il y avait une autre bibliothèque à la Wrissen près de Worms : mais celle que Charlemagne fonda dans son palais à Aix-la-Chapelle, surpassa toutes les autres ; cependant il ordonna avant de mourir qu'on la vendit, pour en distribuer le prix aux pauvres. Louis le Débonnaire son fils, lui succéda à l'empire et à son amour pour les arts et les sciences, qu'il protégea de tout son pouvoir.

L'Angleterre et encore plus l'Irlande, possédaient alors de savantes et riches bibliothèques, que les incursions fréquentes des habitans du Nord détruisirent dans la suite : il n'y en a point qu'on doive plus regretter que la grande bibliothèque fondée à York par Egbert, archevêque de cette ville; elle fut brûlée avec la Cathédrale, le couvent de sainte Marie, et plusieurs autres maisons religieuses, sous le roi Etienne. Alcuin parle de cette bibliothèque dans son épître à l'église d'Angleterre.

Vers ces temps, un nommé Gauthier ne contribua pas peu par ses soins et par son travail à fonder la bibliothèque du monastère de saint Alban, qui était très considérable :

elle fut pillée aussi bien qu'une autre par les pirates Danois.

La bibliothèque formée dans le XIIe siècle par Richard de Bury, évêque de Durham, chancelier et trésorier de l'Angleterre, fut aussi fort célèbre. Ce savant prélat n'omit rien pour la rendre aussi complète que le permettait le malheur des temps; et il écrivit lui-même un traité intitulé *philobiblion*, sur le choix des livres et sur la manière de former une bibliothèque. Il y représente les livres comme les meilleurs précepteurs en s'exprimant ainsi : *Hi sunt magistri, qui nos intruunt sine virgis et ferulis*, *sine cholerâ, sine pecuniâ; si accedis, non dormiunt; si inquiris, non se abcondunt; non obmurmurant, si aberres; cachinnos nesciunt, si ignores.*

L'Angleterre possède encore aujourd'hui des bibliothèques très riches en tout genre de littérature et en manuscrits fort anciens. Celle dont on parle le plus, est la célèbre bibliothèque Bodleienne d'Oxford, élevée, si l'on peut se servir de ce terme, sur les fondemens de celle du duc Humphry. Elle commença à être publique en 1602, et a été depuis prodigieusement augmentée par un grand nombre de bienfaiteurs. On assure qu'elle l'emporte sur celles de tous les souverains et de toutes les universités de l'Europe, si l'on en excepte celle du Roi à Paris, celle de l'empereur à Vienne et celle du Vatican.

Il semble qu'au XIe siécle les sciences s'étoient réfugiées auprès de Constantin Porphyrogenete, empereur de Constantinople. Ce grand prince était le protecteur des muses, et ses sujets à son exemple cultivérent les lettres. Il parut alors en Gréce plusieurs savans, et l'empereur toujours porté à chérir les sciences, employa des gens capables, à lui rassembler de bons livres, dont il forma une bibliothèque publique, à l'arrangement de laquelle il travailla lui-même. Les choses furent en cet état jusqu'à ce que les Turcs se rendirent maîtres de Constantinople ; aussitôt les sciences forcées d'abandonner la Grèce, se réfugièrent en Italie, en France et en Allemagne, où on les reçut à bras ouverts; et bientôt la lumière commença à se répandre sur le reste de l'Europe, qui avait été ensevelie pendant longtemps dans l'ignorance la plus grossière.

La bibliothèque des empereurs grecs de Constantinople n'avait pourtant pas péri à la prise de cette ville par Mahomet II. Au contraire le sultan avait ordonné très expressément qu'elle fut conservée, et elle le fut en effet dans quelques appartemens du sérail jusqu'au règne d'Amurath IV, que ce prince quoique Mahométan peu scrupuleux, dans un violent accès de dévotion, sacrifia tous les livres de la bibliothéque à la haine implacable dont il était animé contre les Chrétiens. C'est là tout ce qu'en put apprendre M. l'abbé Sevin, lorsque par ordre du Roi il fit en 1729 le voyage de Constantinople, dans l'espérance de pénétrer jusque dans la bibliothèque du grand-seigneur, et d'en obtenir des manuscrits pour enrichir celle du roi.

Quant à la bibliothèque du Sérail, elle fut commencée par le sultan Selim, celui qui conquit l'Egypte, et qui aimait les lettres : mais elle n'est composée que de trois ou quatre mille volumes, Turcs, Arabes, ou Persans, sans nul manuscrit grec. Le prince de Valachie Maurocordato avait beaucoup recueilli de ces derniers, et il s'en trouve de répandus dans les monastères de la Grèce ; mais il paraît par la relation du voyage de nos Académiciens au Levant, qu'on ne fait plus guères des cas aujourd'hui de ces morceaux précieux, dans un pays où les sciences et les beaux arts ont fleuri pendant si longtemps.

Il est certain que toutes les nations cultivent les sciences les unes plus, les autres moins; mais il n'y en a aucune où le savoir soit plus estimé que chez les Chinois. Chez ce peuple, on ne peut parvenir au moindre emploi qu'on ne soit savant, du moins par rapport au commun de la nation. Ainsi ceux qui veulent figurer dans le monde, sont indispensablement obligés de s'appliquer à l'étude. Il ne suffit pas chez eux d'avoir la réputation de savant, il faut l'être réellement pour pouvoir parvenir aux dignités et aux honneurs; chaque candidat étant obligé de subir trois examens très sévères, qui répondent à nos trois degrés de bachelier, licencié et docteur.

De cette nécessité d'étudier il s'en suit qu'il doit y avoir dans la Chine un nombre infini de livres et d'écrits; et par conséquent que les gens riches chez eux doivent avoir formé de grandes bibliothèques.

En effet, les historiens rapportent qu'environ deux cents ans avant J.-C. Chingius, ou Xius, empereur de la Chine ordonna que tous les livres du royaume (dont le nombre était presque infini) fussent brûlés, à l'exception de ceux qui traitaient de la médecine, de l'agriculture, et de la devination, s'imaginant par là faire oublier les noms de ceux qui l'avaient précédé, et que la postérité ne pourrait plus parler que de lui. Ses ordres ne furent pas exécutés avec tant de soin, qu'une femme ne pût sauver les ouvrages de Mentius, de Confucius surnommé le Socrate de la Chine, et de plusieurs autres, dont elle colla les feuilles contre le mur de sa maison, où elles restèrent jusqu'à la mort du tyran.

C'est par cette raison que ces ouvrages passent pour être les plus anciens de la Chine, et surtout ceux de Confucius pour qui ce peuple a une extrême vénération. Ce philosophe laissa neuf livres qui sont, pour ainsi dire, la source de la plupart des ouvrages qui ont paru depuis son temps à la Chine, et qui sont si nombreux, qu'un seigneur de ce pays (au rapport du P. Trigault) s'étant fait chrétien, employa quatre jours à brûler ses livres, afin de ne rien garder qui sentit les superstitions des Chinois. Spizellius, dans son livre *de re litteraria Sinensium*, dit qu'il y a une bibliothèque sur le mont Lingumen de plus de trente mille volumes tous composés par des auteurs Chinois, et qu'il n'y en a guères moins dans le temple de Venchung, proche l'Ecole royale.

Il y a plusieurs belles bibliothèques au Japon; car les voyageurs assurent qu'il y a dans la ville de Narad un temple magnifique qui est dédié à Xaca, le sage, le prophète et le législateur du pays; et qu'auprès de ce temple les bonzes ou prêtres ont leurs appartements, dont un est soutenu par 24 colonnes et contient une bibliothèque remplie de livres du haut en bas.

Tout ce que nous avons dit est

peu de chose en comparaison de la bibliothèque qu'on dit être dans le monastère de la Sainte-Croix sur le mont Amara en Ethiopie. L'histoire nous dit qu'Antoine Brieus et Laurent de Cremone furent envoyés dans ce pays par Grégoire XIII, pour voir cette fameuse bibliothèque, qui est divisée en trois parties, et contient en tout dix millions cent mille volumes, tous écrits sur de beau parchemin, et gardés dans des étuis de soie. On ajoute que cette bibliothèque doit son origine à la reine de Saba, qui visita Salomon, et reçut de lui un grand nombre de livres, particulièrement ceux d'Enoch sur les élémens, et sur d'autres sujets philosophiques, avec ceux de Noé sur des sujets de mathématique et sur le rit sacré ; et ceux qu'Abraham composa dans la vallée de Mambré, où il enseigna la philosophie à ceux qui l'aidèrent à vaincre les rois qui avaient fait prisonnier son neveu Lot, avec les livres de Job, et d'autres que quelques uns nous assurent être dans cette bibliothèque, aussi bien que les livres d'Esdras, des Sibylles, des Prophètes et des Grands-Prêtres des Juifs, outre ceux qu'on suppose avoir été écrits par la reine Saba et par son fils Mémilech, qu'on prétend qu'elle eut de Salomon. Nous rapportons ces opinions moins pour les adopter que pour montrer que de très habiles gens y ont donné leur créance, tels que le P. Kircher. Tout ce qu'on peut dire des Ethiopiens, c'est qu'ils ne se soucient guère de la littérature profane et par conséquent qu'ils n'ont guères de livres grecs ni latins sur des sujets historiques ou philosophiques ; car ils ne s'appliquent qu'à la littérature sacrée, qui fut d'abord extraite de livres grecs, et ensuite traduite dans leur langue. Ils sont schismatiques et sectateurs d'Eutychès et de Nestorius.

Les Arabes d'aujourd'hui ne connaissent nullement les lettres: mais vers le dixième siècle, et surtout sous le règne d'Almanzor, aucun peuple ne les cultivait avec plus de succès qu'eux.

Après l'ignorance qui régnait en Arabie avant le temps de Mahomet, le calife Almamon fut le premier qui fit revivre les sciences chez les Arabes : il fit traduire en leur langue un grand nombre de livres qu'il avait forcé Michel III empereur de Constantinople, de lui laisser choisir de sa bibliothèque et par tout l'empire, après l'avoir vaincu dans une bataille.

Le roi Almanzor ne fut pas moins

assidu à cultiver les lettres. Ce grand prince fonda plusieurs écoles et bibliothèques publiques à Maroc, où les Arabes se vantent d'avoir la première copie du Code de Justinien.

Eupennas dit que la bibliothèque de Fez est composée de 32 mille volumes; et quelques-uns prétendent que toutes les décades de Tite-Live y sont, avec les ouvrages de Pappus d'Alexandrie, fameux mathématicien; ceux d'Hippocrate, de Galien, et de plusieurs autres bons auteurs, dont les écrits, ou ne sont pas parvenus jusqu'à nous, ou n'y sont parvenus que très imparfaits.

Selon quelques voyageurs il y a à Gaza une autre belle bibliothèque d'anciens livres, dans la plupart desquels on voit des figures d'animaux et des chiffres, à la manière des Egyptiens ; ce qui fait présumer que c'est quelque reste de la bibliothèque d'Alexandrie.

Il y a une bibliothèque à Damas, où François Rosa de Ravenne trouva la philosophie mystique d'Aristote en Arabe, qu'il publia dans la suite.

On a vu par ce que nous avons déjà dit que la bibliothèque des empereurs grecs n'a point été conservée, et que celle des sultans est très peu de chose; ainsi ce qu'on trouve à cet égard dans Baudier, et d'autres auteurs qui en racontent des merveilles, ne doit point prévaloir sur le récit simple et sincère qu'ont fait sur le même sujet les savans judicieux qu'on avait envoyés à Constantinople, pour tenter s'il ne serait pas possible de recueillir quelques lambeaux de ces précieuses bibliothèques. D'ailleurs, le mépris que les Turcs en général ont toujours témoigné pour les sciences des Européens, prouve assez le peu de cas qu'ils fesaient des auteurs grecs et latins: mais s'ils les avaient en leur possesion, on ne voit pas pourquoi ils auraient refusé de les communiquer à la réquisition de l'un des premiers princes de l'Europe.

Il y avait anciennement une très belle bibliothèque dans la ville d'Ardwil en Perse, où résidèrent les Mages, au rapport d'Oléarius dans son itinéraire. La Boulaye le Goux dit que les habitans de Sabea ne se servent que de trois livres, qui sont le livre d'Adam, celui du Divan, et l'Alcoran. Un écrivain jésuite assure aussi avoir vû une bibliothèque superbe à Alger

L'ignorance des Turcs n'est pas

plus grande que n'est aujourd'hui celle des chrétiens grecs, qui ont oublié jusqu'à la langue de leurs pères, l'ancien grec. Leurs évêques leur défendent la lecture des auteurs payens, comme si c'était un crime d'être savant; de sorte que toute leur étude est bornée à la lecture des actes des sept synodes de la Grèce, et des œuvres de Saint Basile, de saint Chrisostome, et de saint Jean de Damas. Ils ont cependant nombre de bibliothèques, mais qui ne contiennent que des manuscrits, l'impression n'ayant guère été en usage chez eux. Ils ont une bibliothèque sur le mont Athos, et plusieurs autres où il y a quantité de manuscrits, mais très peu de livres imprimés. Ceux qui voudront savoir quels sont les manuscrits qu'on a apportés de chez les Grecs en France, en Italie, et en Allemagne, et ceux qui restent encore à Constantinople entre les mains des particuliers, et dans l'île de Pathmos et les autres îles de l'Archipel, dans le monastère de saint Basile à Caffa, anciennement Théodosia, dans la Tartarie Crimée, et dans les autres états du grand Turc, peuvent s'instruire à fond dans l'excellent traité du père Possevin, intitulé *Apparatus sacer*, et dans la relation du voyage que fit M. l'abbé Sevin à Constantinople en 1729 : elle est insérée dans les *Mémoires de l'académie des belles-lettres, tome VII.*

Le grand nombre des bibliothèques, tant publiques que particulières, qui font aujourd'hui un des principaux ornemens de l'Europe, nous entraînerait dans un détail que ne nous permettent pas les bornes que nous nous sommes prescrites dans cet ouvrage. Nous nous contenterons donc d'indiquer les plus considérables soit par la quantité, soit par le choix des livres qui les composent. Quoique ces données aient paru dernièrement dans un savant recueil périodique, on nous saura peut-être gré de les avoir reproduites ici.

—En Écosse. La bibliothèque de l'université d'Edimbourg se compose d'environ 5000 ouvrages imprimés et de quelques manuscrits. Celle des avocats de la même ville, contient 80,000 ouvrages imprimés et 1000 volumes manuscrits. — La bibliothèque de l'université de Glascow possède environ 30,000 volumes. Celle du feu Dr. William Hunter, de la même ville, contient un choix de livres grecs et latins, parmi lesquels se trouvent des éditions très anciennes. — La bibliothèque de l'université de *Saint-André*, contient environ 36,000 volumes, et celle de *King's-college* à Aberdeen, environ 14,000.

— En Irlande. La bibliothèque de *Trinity-College*, possède environ 30,000 ouvrages, et 1,100 manuscrits arabes, persans, hébreux, grecs, latins, irlandais et anglais.

— En Russie. La bibliothèque de l'Académie des sciences de Saint-Pétersbourg, contient 60,000 volumes. — La bibliothèque publique de l'Académie des sciences, forte de plus de 40,000 volumes, contient beaucoup de documens du temps de Pierre-le-grand, et une collection fort importante d'ouvrages chinois au nombre de 2800, dont il existe un catalogue imprimé; de plus, quelques manuscrits japonais et thibétains.

— En Suède. La bibliothèque royale de Stockholm contient plus de 25,000 ouvrages imprimés et 5,000 manuscrits. — Celle de l'Université d'Upsal contient 50,000 volumes.

— En Allemagne. Trente villes

de l'Allemagne possèdent dans leurs bibliothèques publiques plus de trois millions de volumes, non compris les manuscrits et les mémoires académiques.

— En Pologne. La bibliothèque royale à Varsovie contient environ 25,000 volumes, la plupart d'ouvrages nouveaux. — L'université de Cracovie possède une bibliothèque assez considérable, et 4000 manuscrits. Une collection importante fut donnée à la ville, en 1745, par les deux frères Zaluski; elle consistait en 300,000 volumes, dont 52,000 doubles qui depuis ont été vendus. Cette collection a été envoyée en 1795, par le général Suwarow, à St.-Pétersbourg, où depuis 1812, elle est ouverte au public.

— En Dannemark. La bibliothèque royale à Copenhague doit contenir 3 à 400,000 ouvrages imprimés et un grand nombre de manuscrits. Lors de la vente de la belle bibliothèque du comte Otton Thot, qui se composait de 116,395 volumes, elle fut augmentée de 50,000 volumes, et le comte lui légua par testament 4,154 manuscrits, avec une collection précieuse de 6,159 ouvrages imprimés avant 1530. En 1790, le gouvernement y ajouta la bibliothèque de *Luxdorf*, riche en ouvrages classiques, et en manuscrits, et en 1796, celle du célèbre historiographe *Suhm*.

— En Suisse. La bibliothèque publique de Zurich contient 25,000 volumes et quelques manuscrits remarquables.

— En Espagne. La bibliothèque de Madrid, fondée par Philippe V, et augmentée par ses successeurs, consiste actuellement en plus de 200,000 volumes, non compris un grand nombre de manuscrits arabes, très précieux. — Celle de

San-Isidro possède 60,000 volumes. La bibliothèque de l'Escurial doit contenir environ 130,000 ouvrages imprimés et 4,300 manuscrits, dont 567 grecs, 67 hébreux, et 1,800 arabes.

— En Italie. La bibliothèque du Vatican fut fondée par Nicolas IV (pape depuis 1487). Ce pape lui fit présent d'un grand nombre de manuscrits tirés de Grèce. Sixte V et les autres papes jusqu'à Pie VI l'enrichirent. On estime le nombre des ouvrages imprimés à 400,000 et celui des manuscrits à 50,000. — Rome possède en outre plusieurs autres grandes bibliothèques : celle de *Barberini* contient 60,000 ouvrages imprimés et plusieurs milliers de manuscrits. La bibliothèque *Colonna* contient environ 400 ouvrages et gravures du 15e siècle; dans celle du *Collége romain* sont déposés les ouvrages des Pères de l'église. —La bibliothèque de Florence compte plus de 90,000 ouvrages imprimés et 3,000 manuscrits précieux. Il existe de ces derniers un catalogue en 11 volumes in-folio rédigé par Assemanni, Biscioni et Bandini. 3000 volumes imprimés du 15e siècle sont également consignés en 2 volumes in-folio. Il y a aussi des bibliothèques considérables à Bologne, à Milan, à Mantoue, à Pise et à Vénise.

La France possède environ 273 bibliothèques publiques, dont 80 seules, contiennent 3,345,287 volumes. Les principales sont à Lyon, avec 106,900 volumes. — Bordeaux, avec 105,000. — Aix, 72,670. — Besançon, 53,000. — Toulouse (deux), 50,000. — Grenoble, 42,000. — Tours, 30,000. — Metz 31,000. — Arras, 34,000. — Le Mans, 41,000. — Colmar, 30,000. — Versailles, 40,000. — Amiens 40,000, *et cætera*. La Bibliothèque Royale de Paris, contenait il y a quelque temps, 1,125,347 volumes.

—— En Angleterre. La bibliothèque du musée britannique contient environ 200,000 volumes, elle fut fondée en 1755. En 1757, le roi Georges y réunit la bibliothèque royale, consistant en 9,000 ouvrages imprimés et environ 2,000 manuscrits. En 1762, feu George III y ajouta une collection de brochures qui avaient paru de 1564 à 1660, composée de 32,000 pièces en 2,000 volumes. Le roi y réunit récemment la bibliothèque royale fondée par George III, en comprenant celle du consul britannique à Venise, Joseph Smith, achetée en 1762 pour 10,000 livres sterl. Cette bibliothèque, au moment de sa réunion à celle du musée britannique, contenait 65,000 volumes. La bibliothèque de *Trinity college* à Cambridge, contient environ 90,000 volumes, et celle de l'université de Cambridge, 200,000. — La bibliothèque *Bodleyene* à Oxford, est une des plus riches et des plus précieuses de l'Europe. Son fondateur était sir Thomas Bodley qui, du temps d'Elisabeth, fut ambassadeur à plusieurs cours d'Europe. Elle acheta dernièrement à Venise une collection de manuscrits grecs, latins et hébreux, au nombre de 2,040.

(*Encyclopédie et Revue encyc.*.)

FIN.

www.ingramcontent.com/pod-product-compliance
Ingram Content Group UK Ltd.
Pitfield, Milton Keynes, MK11 3LW, UK
UKHW021936200726
13855UKWH00007B/833